Zuhause wegen Corona

Erlebnisbuch für Kinder

Impressum

1. Auflage	März 2020
©2020	Verena Herleth, Verena Bellmann
Internet	www.verena-herleth.com
	www.verenabellmann.de
Lektorat	Lena Rienecke, Paul Braunstätter, Elisabeth Walter, Fritz Schandl
Inspirationen	Ingrid Winterheller, Ulrike Tinhofer-Sonntag
Text	Verena Herleth
Illustrationen	Luca Herleth, Verena Bellmann, Verena Herleth
Satz und Layout	Verena Bellmann
Herstellung/Verlag	BoD- Books on Demand, Norderstedt
ISBN	9783751902472

**Für alle Kinder, die wegen des
Corona-Virus zuhause sind.**

Liebe Eltern,

wer hätte vor einem Jahr gedacht, dass wir jetzt mit unserer Familie, vielleicht auf engstem Raum, für ungewisse Zeit im Haus bleiben und in vielen Bereichen unsere Gewohnheiten reduzieren und den aktuellen Gegebenheiten anpassen müssen?

Ich verfolge mit Anspannung die Nachrichten, sorge mich um alle älteren Menschen und Risikogruppen, denke an Freunde, die vielleicht in persönlichen sowie wirtschaftlichen Schwierigkeiten stecken, versuche die Geschehnisse in passender Wortwahl meinen Kindern zu erklären und erfahre deren Frust, weil sie sich nicht wie bisher mit ihren Freunden treffen können und alle Sozialkontakte außerhalb eingestellt wurden. „Mir ist langweilig!", „Darauf habe ich keine Lust!", „Machen wir etwas zusammen.", „Mama, wann spielst du mit uns?", „Wir wollen in den Kindergarten und die Schule!" sind Sätze, die mich tagtäglich begleiten. Vielleicht ist dies bei Ihnen zuhause ähnlich?

Es gilt einen neuen Tagesrhythmus zu entwickeln. Es ist ein Tanz zwischen Spielpartner zu sein, die Bedürfnisse der Kinder wahrzunehmen und dennoch seine eigenen Grenzen und Ruhezonen zu achten. Wie kann dies gut gelingen?

Wenn man zusätzlich angespannt ist, weil man mit Sorge die Neuigkeiten im eigenen Land sowie in den Nachbarländern verfolgt, eventuell die Gedanken immer wieder zu Personen der Risikogruppen wandern und dort für kurze oder lange Pausen hängenbleiben, ist es doppelt schwer, den Kindern präsent im Moment zu begegnen.

Hier möchte dieses Heft eine Brücke sein. Unser Ziel bei der Ausarbeitung war es, viele Anregungen zu der Tagesgestaltung in dieser besonderen Zeit sowie eine Hilfestellung anzubieten, damit Kinder aufkommende Emotionen besser verstehen und einordnen können. Aus Langeweile kann Kreativität werden. Langeweile kann ein leerer Raum sein, in den hinein vieles entstehen kann. Jede Hürde kann auch eine Chance sein. Mögen wir diese gemeinsam nutzen.

Für uns hat sich folgendes bewährt:

- Nichts ändern, was gerade harmonisch läuft. (Manchmal hat man die Tendenz mit seinen Ideen Bestehendes zu zerstören.)

- Nicht die Verantwortung für die Langeweile der Kinder übernehmen. Sie befinden sich wahrscheinlich in der Umstellung von Fremd- zu Eigensteuerung. Das heißt die Langeweile mit ihnen aushalten, bis sich das Gefühl ändert.

- In Momenten der eigenen inneren Anspannung tief ein- und ausatmen.

- Es braucht einen Impuls, sich selbst an die Elemente Wasser (baden/duschen, Teeparty, etwas trinken…), Feuer (Lagerfeuer, Grillen, Kerzentropfen…), Luft (Drachen steigen lassen, spazieren gehen…) und Erde (Löcher graben, Blumen umtopfen, Matschsuppe kochen…) erinnern.

Wir hoffen, Sie verbringen die kommenden Wochen harmonisch gemeinsam zuhause und bleiben alle gesund. Vielen herzlichen Dank.

Eure Verenas

Hallo Du,

schön, dass wir beide Zeit miteinander in diesem Tu-, Horch-, Mal-, Schreib- und Bastelbuch verbringen. Vielleicht bist du schon seit einiger Zeit zuhause und hast deine Freunde schon einige Zeit nicht mehr gesehen. Vielleicht sind deine Mama oder dein Papa auch manchmal angespannt und gedanklich mit anderen Dingen beschäftigt. Ich gehe jetzt davon aus, dass sie dir erklärt haben was das Corona Virus ist und was all diese Einschränkungen bedeuten. Das haben sie sicher fantastisch und genau richtig gemacht.

Das Heft hier ist so etwas wie ein kleines Handbuch für die Zeit zuhause. Extra für dich zum Malen, Zuhören, Schreiben, Basteln und Lachen. Es ist ein Pflaster für Langeweile und ich hoffe, du hast Spaß dabei, hier und da etwas zu finden, was dich fasziniert und was du vielleicht gerne machen möchtest.

Oh! Ich glaube, ich habe vergessen mich vorzustellen. Entschuldige vielmals. Ich bin Schnee, die kleine Schnecke. Du meinst, das ist ein seltsamer Name für eine Schnecke?
Stimmt, aber als ich aus meinem Ei geschlüpft bin, ist ein weißes Blütenblatt auf mein winziges Schneckenhaus gefallen und dort liegengeblieben. Oma Schnecke, die mich als erste erblickte und ihre Brille nicht trug, rief: „Schnee! Ich sehe Schnee! Mitten im Frühjahr! Kommt alle her, das müsst ihr sehen! Und er bewegt sich!" Als dann alle Schnecken angekrochen kamen, mussten meine Eltern und Geschwister sehr lachen. „Omi, das ist doch ein kleines Schneckenkind mit einem Blütenblatt!", erklärten sie lachend. Auch Oma musste lachen. Doch so habe ich meinen Namen „Schnee" bekommen. Gibt es zu deinem Namen auch eine Geschichte? Vielleicht fragst du mal deine Mama und deinen Papa.

Ich gehe mit dir durch das Heft und du findest auch verschiedene Schneckensymbole, die etwas bedeuten. Du kannst das Heft natürlich kreuz und quer, von vorne und von hinten, von oben und von unten erkunden. Es braucht überhaupt nicht in der Reihenfolge geschehen. Viel Spaß.

Alles Liebe deine
     Schnecke Schnee

Hier siehst du mich mit einem Stift. Das heißt, es gibt etwas auszumalen oder zu schreiben.

Hier habe ich eine Schere mitgebracht. Das heißt, du kannst hier etwas ausschneiden.

Hier kannst du ein Foto oder eine Erinnerung einkleben.

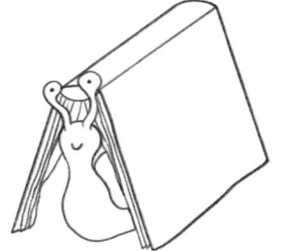

Dieses Bildchen bedeutet, dass du den Vorschlag am besten gemeinsam mit einem Erwachsenen machst.

Diese Aufgabe ist für dich alleine an einem gemütlichen Ort.

Zuhause

„Schau, ich habe mein Schneckenhaus immer auf meinem Rücken dabei. Doch wie ist das bei dir? Malst du mir auf, wo du wohnst?"

Hier wohne ich! Male dein Haus, deine Wohnung, deinen Wohnwagen, dein Zelt:

So sieht es aus, wenn ich aus dem Fenster schaue:

Das ist mein Lieblingsspiel:

Das spiele ich am liebsten draußen:

Wer wohnt mit dir?

„Ich bin eine kleine Schnecke und wohne mit meiner Familie in einem wunderschönen Garten mit superleckerem Salat. Wie ist das bei dir?"

Male ein Bild von deiner Familie und eurem Haustier oder
dem Tier, das du am liebsten magst.

Eine kleine Geschichte zum Corona Virus

„Nanu, wer fliegt denn da? Ah, die Käferpost. Da landet ein kleiner Brief neben mir.
Wie schön, mein Freund Käfer Konrad hat mir eine Geschichte gemalt.

Das ist Käfer Xixi.

Er spielt mit seinem
Freund der Fledermaus

Die Fledermaus hat einen
Husten.

Das Hustenvirus springt
auf Xixi über.

Xixi muss sich hinlegen.

Käfer Ping und Käfer Pong
kommen ihn besuchen.

Ping und Pong stecken sich
mit dem Hustenvirus an.

Ping muss sich hinlegen.
Aber Pong merkt nicht
dass er sich angesteckt
hat. Er geht auf Reisen.

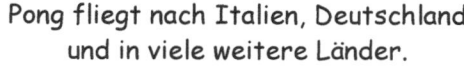

Pong fliegt nach Italien, Deutschland und in viele weitere Länder.

Leider steckt Pong viele andere Käfer an. Viele Käfer müssen im Bett liegen oder ins Krankenhaus.

Damit das Hustenvirus sich nicht weiter verbreiten kann, soll jeder Käfer zuhause bleiben.

Daher ist es ist wichtig, dass auch du zuhause bleibst.

Zu anderen Kindern solltest du momentan Abstand halten.

Es ist auch wichtig, dass du dir die Hände wäschst, wenn du etwas angefasst hast, was schon andere angefasst haben.

Wenn du husten musst, dann solltest du in die Armbeuge husten.

Das Husten Virus - Corona genannt - hat dann keine Chance, sich weiter zu verbreiten!

Die Tageschlange

„In unserem Garten, ganz hinten bei den warmen Steinen, wohnt eine Natter. Das ist eine Schlange. Auf der nächsten Seite hat sie dir eine Tageschlange gemalt. Jeder Abschnitt ihres Schlangenkörpers steht für einen Tag."

Male in jeden Abschnitt das entsprechende Wetter des Tages und wie es dir an jenem Tag erging.
Vielleicht hast du etwas Besonderes erlebt, was du hier gerne aufmalen möchtest?
Vielleicht magst du mit Mama und Papa darüber sprechen?

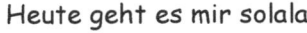

Heute geht es mir gut.   Heute geht es mir solala.   Heute geht es mir nicht so gut.

„Super, so eine Tageschlange. Da kann ich immer eintragen, wie es mir geht."

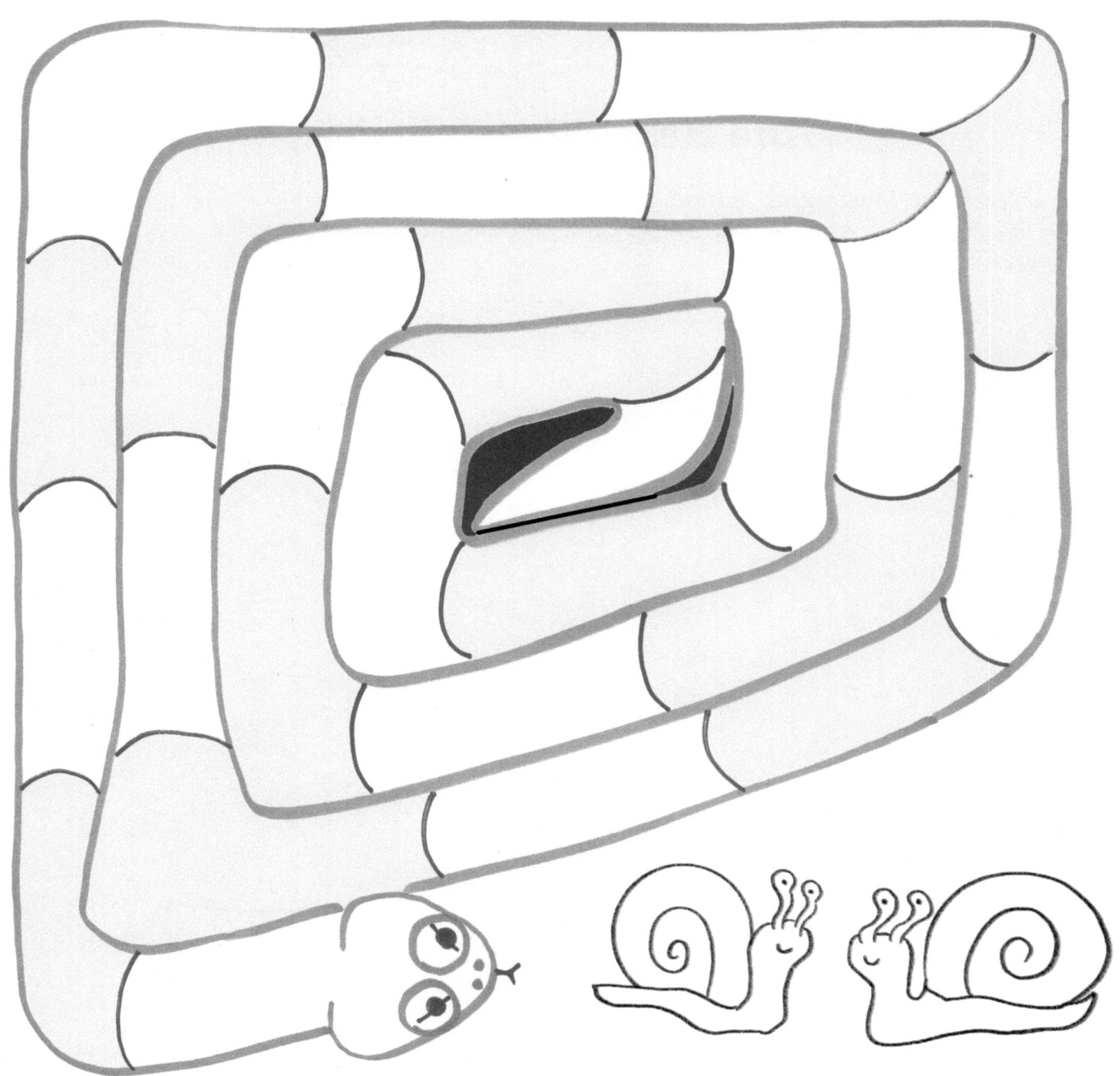

Die Hand-Wasch Seite

„Hier habe ich eine Händewasch-Anleitung für eure Hände gefunden. Bitte wascht die Hände immer, wenn ihr von draußen hereinkommt, vor dem Essen und nachdem ihr auf der Toilette wart."

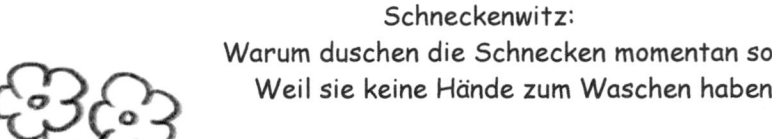

Schneckenwitz:
Warum duschen die Schnecken momentan so oft?
Weil sie keine Hände zum Waschen haben.

Hände verzieren

„Schau, diese Hände wurden für dich blitzeblank gewaschen.
Malst du viele hübsche Ringe oder Tattoos darauf?"

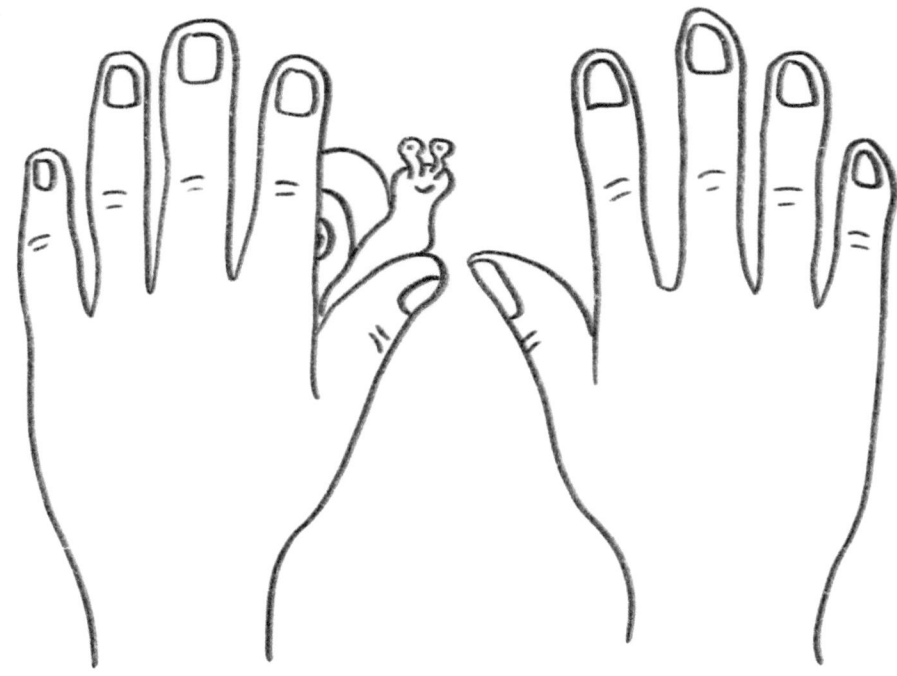

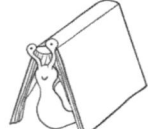

Temperaturmessseite

Wir werden jetzt häufiger Temperatur gemessen bekommen. Steigt diese über 37 Grad Celcius, sprechen die Ärzte von erhöhter Temperatur oder Fieber. Sicher hattest du schon einmal Fieber, als du krank warst. Kannst du dich daran erinnern?

Magst du bei dir, Papa, Mama und deinen Geschwistern die Temperatur messen?

Hier kannst du notieren, wieviel Temperatur jeder hat:

Ich: Papa:

Mama: Meine Geschwister:

Temperaturmesssseite

Alle diese Tiere und Menschen wollen in den Supermarkt einkaufen gehen. Ich habe bei ihnen Temperatur gemessen. Kannst du erkennen, wer von ihnen einkaufen gehen darf? Natürlich alle, die weniger als 37 Grad Celcius Temperatur haben.

SUPERMARKT

36,7°C

35,8°C

38,5°C

39,8°C

34,7°C

37,8°C

40,5°C

36,8°C

Sonnenschein

„Heute ist fantastisches Sonnenscheinwetter! Was kann man da tun? Ich verstecke mich ja immer in meinem Haus, weil ich so schnell austrockne, aber du?"

Ich kann hinaus in den Garten gehen:

- Schau mit deinen Eltern, ob im Garten vielleicht einiges zu erledigen ist, wobei du helfen kannst. Vertrocknete Blüten abschneiden, Blumensträuße pflücken, etwas umgraben...

- Kannst du draußen mit deinen Eltern ein kleines Lagerfeuer machen? Vielleicht sogar darauf das Mittagessen kochen, Stockbrot machen oder einen Bratapfel?

- Wie viele Insekten und Krabbelkäfer kannst du entdecken? Vielleicht siehst du sogar meine Schneckenfamilie?

- Ein Picknick wäre draußen doch sehr nett.

- Vielleicht lassen sich Steine mit Wasserfarben anmalen? Das geht auch auf einem Balkon.

- Vielleicht darfst du einen kleinen See anlegen? Dazu gräbst du ein Loch, legst eine dicke Plastiktüte hinein und befestigst diese am Rand mit Steinen. Jetzt mit einem Kindereimer oder einer Gießkanne Wasser hineinschütten und am Rand verschiedene Pflanzen einsetzen. Schau jeden Tag, ob dein See Wasser braucht, oder was da jetzt passiert.

Sonnenschein Foto

Hier ist Platz für ein Foto. Vielleicht darfst du es mit dem Handy oder Fotoapparat von Mama und Papa selbst schießen?!
Wenn du gerade keine Kamera zur Hand hast, dann kannst du es mit einer Fantasiekamera schießen und ein Bild hier hineinmalen.

Sonnenschein in der Wohnung

„Heute ist Sonnenschein. Aber leider kann ich nicht rausgehen. Was mache ich bloß?"

- Wenn du ein Glas, eine CD oder einen geschliffenen durchsichtigen Stein in das Licht hältst, erscheint irgendwo in deinem Zimmer ein kleiner Regenbogen. Magst du das ausprobieren?

- Man kann durch offene Fenster wunderbar Seifenblasen in die Welt hinausblasen und schauen wohin sie fliegen. Auf der nächsten Seite findest du zwei Rezepte für Seifenblasen.

- In den Regenbogen der kleinen Schnecke kannst du alle Farben hineinmalen.

Seifenblasen

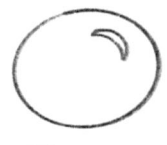

Seifenblasen tanzen gerne durch die Luft. So kannst du sie tanzen lassen:

Seifenblasenrezept I:
    250 ml lauwarmes Wasser
    4 EL Spülmittel
    2 – 4 Tropfen pflanzliches Speiseöl
    Anleitung:
    Gieße das Wasser in einen großen Topf.
    Füge unter Rühren das Spülmittel hinzu, bis es sich aufgelöst hat. Lasse das Gemisch circa fünf Minuten
    ziehen. Füge zum Schluss ein paar Tropfen Pflanzenöl hinzu.

Seifenblasenrezept II:
    500 ml Wasser
    200 ml Babyshampoo
    50 g Puderzucker
    3 cm langer Streifen Zahnpasta
    Alle Zutaten kommen nacheinander in einen größeren Behälter und werden vorsichtig verrührt.

Draht zum Durchpusten:
    Forme dazu ein Stück Draht zu einem gleichmäßigen Kreis und lass noch ein Stück
    Draht zum Festhalten abstehen. Damit die Flüssigkeit besser am Draht hält,
    umwickelst du den Kreis mit Nähgarn oder Wolle.

Die Sonne hereinholen

Wie hole ich die Sonne zu mir nach drinnen? Ganz einfach:

- Sonne baden: Suche dir einen sonnigen Platz in der Wohnung und veranstalte dort ein Picknick. Du kannst dich auch dort hinlegen und die Wärme spüren. Vielleicht siehst du auch kleine Staubkörnchen durch die Luft tanzen. Wenn dies ein Zauberstaub wäre, was würdest du dir zaubern?

- Öffne mit deinen Eltern viele Fenster und lass die Sonne, den Duft und die Geräusche von draußen in euer Haus oder in eure Wohnung herein.

- Magst du ein Mobile basteln und ins Fenster hängen? Bei jedem Windhauch macht es klingende Geräusche. Hierzu eignen sich fast alle kleinen Materialien. Vielleicht findest du Dinge wie Kronkorken, Tetrapackverschlüsse oder Marmeladenglasdeckel. Am besten fragst du deine Eltern, wo du schauen darfst.

- Traumreise: Kannst du dir vorstellen, du sitzt auf einem fliegenden Teppich und fliegst durch das Fenster in den Sonnenschein hinaus? Wo fliegst du überall hin? Wen besuchst du? Findest du einen Schatz? Malst du ein Bild von deinem Abenteuer?

Finde die Schnecke

Wo versteckt sich hier eine Schnecke?
Male das Bild aus.

Wie die Zeit vergeht ....

„Wir Schnecken haben immer viel Zeit. Aber manchmal verfliegt die Zeit wie im Fluge, manchmal dauern Dinge scheinbar ewig. Kennst du das?"

Vielleicht sagen Mama oder Papa manchmal: „ ... in 5 Minuten, in 10 Minuten oder in 30 Minuten."
Aber wie lange sind 10 Minuten, 30 Minuten oder 1 Stunde?

Bastle einfach deine eigene Sanduhr!

Vielleicht sagen Mama und Papa dann: „Bitte dreh die kleine, mittlere oder große Sanduhr um. Wenn der Sand durchgelaufen ist, machen wir dies oder jenes."

Und so lang kannst du ja mit Schnecke Schnee noch Zeit verbringen...

Schneckenwitz: Warum kriechen Schnecken so langsam?
Weil sie viel Zeit und keinen Termin haben!

Eine Sanduhr bauen

Du brauchst:

- 2 gleiche Schraubgläser oder 2 gleiche Flaschen mit Deckeln
- Kraftkleber oder eine Heißklebepistole
- Sand oder billiges Salz (mit Rieselhilfe, d.h. dass das Salz nicht verklumpt)
- großer Nagel und Hammer

1: Schraube die Deckel der Schraubgläser oder Flaschen ab. Es ist wichtig, dass sie trocken sind. Klebe die Verschlüsse mit ihren Oberseiten aufeinander.

2: Ist der Kleber getrocknet, legst du eine alte Zeitung dick unter die Deckel und schlägst mit Nagel und Hammer ein Loch mittig durch die Metalldeckel. Vielleicht brauchst du Unterstützung von deinen Eltern.

3: Fülle den feinen Sand oder das Salz dann in eines der Gläser beziehungsweise eine der Flaschen.

4: Verschließe das Gefäß mit dem Doppeldeckel und schraube darauf das andere Glas beziehungsweise die andere Flasche.

5: Zeit für den Uhrenvergleich! Starte die Sanduhr, indem du sie umdrehst – und schaue gleichzeitig auf eine Uhr. So kannst du feststellen, wie lange der Sand braucht, um von einem ins andere Gefäß zu rieseln. Jetzt weißt du, wie viele Minuten die Sanduhr geht.

6: Umwickle zur Sicherheit die Doppeldeckel mit etwas Klebeband, so wird die Sanduhr stabiler. Dekoriere sie gerne mit bunten Stickern oder male sie an.

Tagesablauf

„Ist zurzeit bei euch in der Familie jeder Tag anders? Oder steht ihr in etwa immer um die gleiche Zeit auf, esst ihr um die gleiche Uhrzeit, macht ihr etwas am Vormittag oder am Nachmittag, haben Papa und Mama vielleicht immer zu einer ähnlichen Zeit ‚Homeoffice‘-Zeit"?

Schreibe hier auf, was ihr morgens uns was ihr am Nachmittag macht.

Morgens:

Nachmittags:

Schneckenwitz:
Warum kommen Schnecken nie zu spät nach Hause?
Weil sie ihr Haus immer am Rücken dabeihaben.

Für Mama und Papa

Ich liebe Überraschungen! Ich liebe es, Dinge zu erkunden!

Material lässt die Fantasie aufblühen. Hier ist die Hintergrundidee, dass Kinder durch ein undefiniertes Materialangebot ins Tun kommen und sich ihr Spiel selbst erfinden.
Bitte nicht vorgeben, was die Kinder mit den Dingen tun sollen. Versucht nur zu beobachten.

• Koffer oder Kartons ins Wohnzimmer stellen.

• Viele leere Papierrollen oder andere Kartondinge bereitlegen.

• Einen Berg mit allen Kissen und Decken, die es gibt, im Wohnzimmer/Kinderzimmer machen.

• Taktile Dinge, wie Erbsen, Linsen, Bohnen in verschiedene Schalen füllen. Verschiedene Löffel, Pinzetten etc. dazulegen.

• Verkleidungsgegenstände bereitstellen.

Passendes Material kann im Grunde alles sein, wovon Sie viel haben und welches Ihnen nicht heilig ist bzw. welches nicht kaputt gehen kann (evtl. Klopapierrollen, viele Tageszeitungen,...).

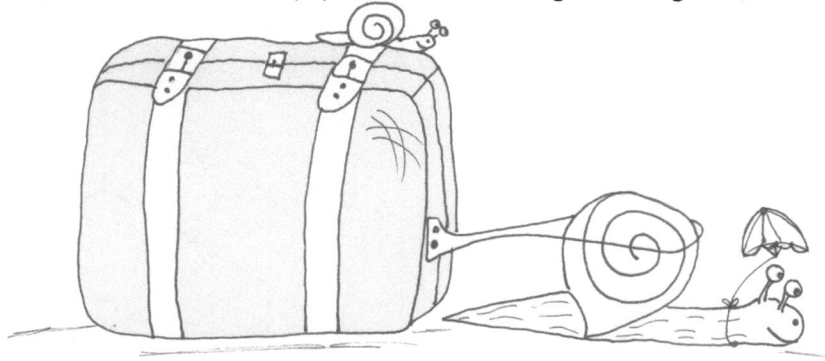

Freunde

„All meine Schneckenfreunde sind zuhause in ihren Häusern und ich sehe sie längere Zeit nicht. Ich vermisse sie und habe mir Verschiedenes überlegt, was ich machen kann, um mit dem Herzen in Kontakt zu bleiben."

Ich vermisse meine Freunde und kann:

- Sie anrufen, vielleicht via Videoanruf. Oder mit Mamas oder Papas Handy täglich ein Video oder ein Bild schicken und vielleicht auch eines zurückbekommen.

- Ein Büchlein gestalten, das ich mit meiner Freundin/meinem Freund ansehe, wenn wir uns wieder sehen.

- Eine Freunde-Schatzkiste gestalten: Ich beklebe einen Schuhkarton mit Fotos meiner Freunde und sammle darin, was ich für sie bastle, was ich ihnen zeigen möchte oder was ich ihnen erzählen möchte.

- Ihnen einen Brief schreiben, oder ein Bild malen. Dafür habe ich für dich einen Vorschlag auf der nächsten Seite vorbereitet.

Postkarte (Vorderseite)

Male das Bild an und schneide es aus.

Postkarte (Rückseite)

Hallo liebe(r) .....

wie geht es dir?

Gerade können wir uns nicht sehen. Das finde ich sehr schade.
Ich freue mich schon, bald wieder mit dir zu spielen.

Ich wollte dir gerne erzählen....

Bis hoffentlich bald,

dein(e) ......

Experimente

 *„Einmal habe ich als Experiment je einen Salatsamen auf einen Stein gelegt, in die Regentonne geworfen oder auf die Erde gelegt. Weißt du was? Es ist nur in der Erde ein Salat geworden!"*

Luftballon -Wasser Experiment:

Du brauchst: einen Luftballon und Leitungswasser

Fülle einen kleinen Luftballon mit Leitungswasser und verknote ihn.
Lege ihn danach über Nacht ins Gefrierfach.
Wenn das Wasser im Ballon gefroren ist, kannst du es von der Ballonhülle befreien.
Besonders interessantes Eis bekommst du, wenn du die Kugel aus dem Gefrierfach nimmst, bevor sie ganz durchgefroren ist.

Mehr Ideen für dich:

- Was passiert, wenn du den Ballon nur ein bisschen mit Wasser befüllst?
- Was passiert, wenn du das Wasser einfärbst?
- Was passiert, wenn du das Eis in warmes Wasser legst oder mit in die Badewanne nimmst?
- An kalten Tagen kannst du deinen Eisball draußen auf dem Balkon oder im Freien viele Tage bewundern. Vielleicht machst du auch mehrere Eisluftballone und verteilst die Eiskugeln in Schüsseln im Haus. Wo schmilzt das Eis am schnellsten und warum?

Ideen für weitere Experimente

Wie sauber! So kannst du Geld waschen:

Du brauchst:

- Essig und Tafelsalz
- ein Glas, einen Löffel und eine Küchenrolle
- Münzgeld

Und so geht's:
- Fülle Essig in ein Glas. Schütte Salz dazu, bis der Boden etwa 0,5 cm hoch bedeckt ist. Rühre alles um, damit sich das Salz auflöst.
- Lege dein Münzgeld (oder frage deine Eltern nach ein paar Münzen) in die Lösung und nimm es nach ein paar Minuten wieder heraus. Reibe es anschließend mit dem Küchenpapier trocken. Du wirst überrascht sein. Mit welchen Münzen klappt es am besten?

Blubber Blubber:

Du brauchst:
- ein Einmachglas
- Pflanzenöl und Wasser
- Lebensmittelfarbe (wenn du keine Lebensmittelfarbe hast, machst du mit einem alten Filzstift, eingelegt in Wasser, buntes Wasser)
- Spülmaschinentabs

So kannst du eine Lavalampe bauen:
- Fülle das Einmachglas zur Hälfte mit Pflanzenöl. Danach füllst du das Einmachglas mit Wasser auf.
- Als Nächstes kommen ein paar Tropfen Lebensmittelfarbe dazu. Hast du keine Lebensmittelfarbe kannst du auch einen alten Filzstift in Wasser legen und dieses eingefärbte Wasser verwenden.
- Nun brich einen Spülmaschinentab in zwei Teile und lass eine Hälfte im Öl versinken. Was passiert?

Basteln

„Heute fädele ich mir eine tolle Halskette aus bunten Beeren.
Ist das nicht hübsch? Magst du auch etwas basteln?"

Eine Halskette aus Papier-Perlen basteln:

Du brauchst lange, dreieckig zugeschnittene Papierstreifen (aus buntem Papier werden die Perlen besonders hübsch), ein Spießchen oder eine Stricknadel.

Rolle den Papierstreifen - am dicken Ende beginnend - eng um dein Spießchen/deine Stricknadel. Befestige das dünne Ende mit etwas Uhu-Stick an der "Perle". Wenn du einige davon hergestellt hast, kannst du sie auf eine Schnur fädeln und als Kette tragen. Vielleicht magst du dazwischen auch ein paar Holzperlen fädeln?

Ewiger Kalender

Kommst du auch öfter mit den Tagen und Monaten durcheinander?
Ein ewiger Kalender hilft. Dazu brauchst du lediglich:
bunte Tonkartonblätter, einen Stock und Wolle.

Bitte schneide für alle Monate (Januar, Februar, März, April, Mai, Juni, Juli, August, September, Oktober, November, Dezember) in gleicher Größe Tonkartonstücke und trage die Monate ein.

Bitte schneide für alle Wochentage (Montag, Dienstag, Mittwoch, Donnerstag, Freitag, Samstag, Sonntag) in gleicher Größe Tonkartonstücke und schreibe die Tage darauf.

Bitte schneide für die Zahlen 1. – 31. kleinere Tonkartonstücke und trage die Zahlen ein.
Jetzt hängst du die drei Stapel nebeneinander an den Stock, hängst diesen an eine Wand und blätterst jeden Tag weiter. Dann steht da vielleicht: Freitag, 27. März, morgen: Samstag, 28. März

Knete selbst machen

So kannst du Knete selbst machen:

- 20 gehäufte Esslöffel feines Mehl
- 15 Teelöffel Salz
- 2 Esslöffel Öl
- 250 ml Wasser
- Lebensmittelfarbe

Löffle das Mehl in eine große Schüssel und gib dann Salz, Öl und Wasser hinzu. Verknete alle Zutaten zu einem glatten Teig. Ist die Masse noch zu nass und klebrig, gib noch etwas mehr Mehl hinzu. Ist die Masse hingegen etwas zu trocken, kannst du einfach noch etwas mehr Wasser dazugeben. Vielleicht färbst du verschiedene Teile verschieden ein?

*„Kannst du ein paar
Schneckenfreunde für mich formen?"*

Es regnet

„Ich liebe Regenwetter! Besonders den feinen sanften Regen. Da trockne ich nicht aus und mein Salat schmeckt ganz besonders lecker! Magst du mit mir rausgehen?"

Du kannst nach draußen gehen:

- Wie wäre es mit einem Spaziergang im Regen, mit Papas großem Regenschirm? In die Pfützen springen, Steinchen werfen oder Blumen in den Pfützen schwimmen lassen.

- Stelle verschiedene Gefäße auf und messe nach dem Regenschauer wie viele Milliliter du pro Gefäß und insgesamt aufgefangen hast. Man kann auch mit einem Lineal die Wassersäule messen.

- Vielleicht gehst du eine Runde mit Papas riesigen Gummistiefeln?

- Magst du ein Boot falten und es in einer Pfütze schwimmen lassen?
  Dazu eignet sich natürlich auch ein Stück Rinde oder ein Korken.

Was ist Langeweile?

Schnecke Schnee ist dem Thema Langeweile auf der Spur und möchte dir gerne ein paar Fragen stellen. Bist du bereit?

Kennst du das Gefühl „Langeweile"?

Wie fühlt sich dieses an?

Wo im Körper spürst du es?

Magst du das Gefühl, oder eher nicht?

Du magst das Gefühl nicht, weil...?

Was kannst du gegen die Langeweile machen?

Wann ist die Langeweile wieder verschwunden?

Was ist dann passiert?

Dein Körper

Magst du in diesem Körper aufmalen, wo du das Gefühl Langeweile spürst? Kennst du noch andere Gefühle?
Wo spürst du diese? Benutze einfach verschiedene Farben.

Ein Schnecken-Schwatz

Schnee hält gerne einen kleinen Schwatz mit ihren Insektenfreunden. Gerade hat sie diese zum Thema Langeweile interviewt. Magst du hören, was sie gesagt haben?

Marie Käfer sagt: „Mir ist nur langweilig, wenn es regnet. Denn dann fliegen wir nicht herum, sondern sitzen unter einem großen Blatt. Ich liebe Abenteuer und unter einem Blatt ist leider nicht viel los. Ich bin dann sehr genervt und hoffe, dass es bald vorbei ist."

Wurm: „Ich bekomme Langeweile, wenn die Erde, die ich fresse, immer gleich schmeckt. Schrecklich sage ich dir. Einmal bin ich versehentlich aus dem Komposter gekrochen und war scheinbar unter einem riesigen Feld. Tagein, tagaus schmeckte die Erde gleich. Wochenlang war mir langweilig. Ich hatte schon fast vergessen, wie es ist, wenn mir nicht langweilig ist. Doch irgendwann war das Feld zu Ende und ich fand wieder einen Komposter mit vielen leckeren Küchenabfällen."

Biggi Biene meint: „Wir Bienen sind vom Aufstehen bis zum Schlafen beschäftigt. Es heißt nicht umsonst, wir sind die fleißigen Bienen. Was ist das - Langeweile? Kenne ich gar nicht."

Assel: „Hmm… ja die Langeweile, die kenne ich durchaus. Ich bin immer mit meinen Freunden und meiner Familie im trockenen Laub. Wir feiern jeden Tag eine Geburtstagsfeier, einfach weil wir so viele sind und gerne feiern. Einmal wurden viele meiner Freunde krank und es war schrecklich langweilig ohne sie. Ich war dann auch traurig. Als sie wieder gesund waren, war die Langeweile vorbei."

Tausenfüßler: „Ich habe für mich erkannt, dass ich mir einfach etwas anderes suchen muss, was mich begeistert. Das ist voll schwer, speziell wenn ich nicht weiß, was dieses andere ist. Und dann stolpere ich auch noch öfter über meine Füße."

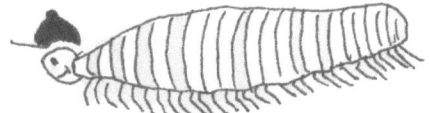

"Spannend, was meine Freunde alle erzählt haben.
Wisst ihr schon, was ich für ein Mittel gegen Langeweile habe?
Wenn ich Langeweile habe, dann rieche ich an vielen duftenden Blumen!"

Liste gegen Langeweile

„Was wolltest du schon immer einmal probieren? Notiere es dir in folgender Liste!"

Ich wollte schon immer einmal

-

-

-

-

Magst du diese Sachen nun auch auf kleine Blätter malen und gefaltet in ein Marmeladenglas geben? Fertig ist das „Langeweilevertreibglas"! Immer wenn du nicht weißt, was du machen könntest, ziehst du einen Zettel und dein Bild erinnert dich an eine Aktivität.

Rezepte

„Wenn ich in meinem Haus bin, schlafe ich zumeist geschützt. Was mich schon immer fasziniert hat bei den Menschen, sind deren Küchen. Dort riecht es immer so fantastisch! Kochst und backst du auch gerne?"

In der echten Küche:

Vegane Muffins:

230 g Mehl, 50 g Kokosflocken, 100 g Zucker, 1 Prise Salz, 15 g Weinsteinbackpulver, ½ Apfel püriert oder zwei Esslöffel Apfelmus, 100 ml Öl, 150 ml Mineralwasser, gerne auch Schokolade, Nüsse oder Gewürze (Zimtpulver, Vanille), Papierförmchen

Alle trockenen Zutaten mischen. Das Apfelmus unterrühren. Öl und Wasser mischen und schnell unterrühren. Jetzt nach Belieben noch Schokoladenstücke, Nüsse oder Gewürze untermischen. Den Teig in Muffinförmchen füllen. Bei 180°C (Umluft) ca. 20 - 25 min. backen.

Holunderblütensirup

2 Kilo Zucker, 2 Liter lauwarmes Wasser, 2 Bio-Zitronen, 20 Blütenstände vom Holunder, 60 g Zitronensäure

Das Wasser füllst du in eine große Schale oder einen Topf und gibst die anderen Zutaten dazu. Dann bitte die Zitronen in Scheibchen dazugeben, die Zitronensäure und die Blüten untertauchen. Alles umrühren, Deckel drauf und 24 Stunden ruhen lassen. Nach den 24 Stunden einmal kräftig umrühren und wieder 24 Stunden ruhen lassen. Dann die festen Bestandteile heraussieben und schon ist dein Sirup fertig.
Man kann diesen Sirup mit allen Kräutern eures Gartens machen. Vielleicht probierst du auch einen Salbeisirup, einen Lindenblütensirup oder gar einen Rosmarinsirup?

Rezepte für die Fantasieküche:

Es macht genauso viel Spaß „Fantasiegerichte" zu kochen!
Frage dafür deine Eltern, welche Töpfe und Löffel du aus der Küche borgen kannst.

„Oh ja! Kochst du mir eine Salatsuppe mit grünen Perlen?"

Bauen einer Herdplatte

Eine Herdplatte kann aus Pappkarton ausgeschnitten werden, auch die Drehknöpfe können aus Karton sein.
Möglich ist auch ein Platzdeckchen als Kochplatte und der Deckel eines Marmeladenglases als Drehknopf.

Kochen

Du findest sicher viele Dinge die verkocht werden können:
- Perlen
- Knöpfe
- Memoryteile
- Puzzleteile
- Bausteine

Bist du draußen, eignen sich
- Gras
- Steine
- Erde
- Kastanien
- Blumen.

Hermann

„Kennst du meinen Freund Hermann? Er ist kein Tier und auch kein Mensch. Hermann ist ein Teig!"

Ein TEIG Haustier – Hier kommt Hermann!

Achtung! Was Hermann nicht mag:

- Metall (d.h. verwende Holz, Glas, Porzellan oder Plastik bei Schüsseln und Rührern)
- Frischluft (d.h. verschließe die Schüssel)
- Wärme (d.h. er muss im Kühlschrank stehen)
- Hunger (d.h. bitte fütter ihn nach Anleitung)
- Ruhe (d.h. er möchte jeden Tag umgerührt werden)

1. Hermann-Teig ansetzen
- 100 g Mehl in einem verschließbaren Gefäß (ca. 1,5 l Fassungsvermögen, keine Metallschüssel) mit 25 g Zucker und 1/2 Päckchen Trockenhefe vermischen.
- 150 ml lauwarmes Wasser dazu geben und alles mit einem Löffel aus Holz oder Kunststoff zu einem glatten Teig verarbeiten.
- Das Gefäß mit dem Deckel verschließen.
- Den Ansatz 2 Tage an einem warmen Ort bei Zimmertemperatur stehen lassen, dann 2 Tage im Kühlschrank gehen und gären lassen.
- Den Hermann-Teig einmal täglich umrühren. Dann mit dem Füttern und Pflegen beginnen.

Vielleicht trägst du die Pflege von Hermann in deine Tageschlange ein...

Hermanns Pflege

"Mir macht es riesigen Spass mich um Hermann zu kümmern!"

1. Tag
Hermann braucht viel Platz und somit eine größere, verschließbare Schüssel aus Glas oder Plastik, um sich wohl zu fühlen, denn er will hoch hinaus. Er mag es kühl im Kühlschrank und Hermann hat Hunger. Gib ihm 100 g Mehl, 150 g Zucker sowie 150 ml zimmerwarme Milch zu essen und rühre ihn gut um.

2.-4. Tag
Hermann braucht Zärtlichkeit. Rühre ihn daher bitte jeden Morgen einmal gut um.

5. Tag
Hermann hat wieder Hunger und wünscht sich 100 g Mehl, 150 g Zucker und 150 ml zimmerwarme Milch zum Frühstück. Natürlich möchte er danach wieder gerührt werden, weil ihm das so gut gefällt.

6.-9. Tag
Liebe kann man nie zu viel bekommen. Daher rühre Hermann wieder jeden Morgen einmal gut um.

10. Tag
Hermann ist so glücklich bei dir gewesen, dass du ihn jetzt in vier Teile aufteilen darfst (ca. 200 g pro Portion). Mit ein oder zwei Portionen kannst du selbst einen Kuchen backen, eine Portion kannst du behalten und einen neuen Hermann züchten (Briefanleitung ab 1. Tag) oder ihn bis zu drei Monate einfrieren und später mit weiteren Züchtungen beginnen (langsam im Kühlschrank auftauen lassen, dann mit dem Füttern und Umsorgen beginnen).

Rezepte mit Hermann

Hermann Apfelkuchen:

Zutaten:
350 g Mehl, 60 g Rohrzucker, 200 g Hermannteig, 120 ml Milch, 70 g Butter, 1 Apfel

Alle Zutaten mit einem Holzlöffel vermischen und in eine Backform füllen. Den Teig in einen warmen Backofen stellen (vorgeheizt auf 50 Grad, dann wieder ausgemacht). Dort sollte er 4 Stunden gehen. Wenn der Teig doppelt so groß ist, die Apfelscheiben leicht in den Teig eindrücken.

Backen: 50 Min. bei 175°C (Umluft), eventuell abdecken

Hermann Brötchen:

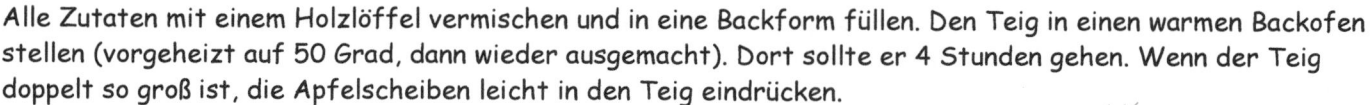

Zutaten:
400 g Hermannteig, 500 g Weizenmehl, 80 g Butter, 1 Ei, 1 Teelöffel Salz,
15 g frische Hefe, 100 ml lauwarme Milch

Zuerst löst man die Hefe in der lauwarmen Milch auf. Dann werden alle Zutaten in der Schüssel gut durchgeknetet, sodass ein glatter, geschmeidiger Teig entsteht. Bei Bedarf noch etwas Mehl oder Milch zugeben. Den Teig abgedeckt warm stellen und ca. 1 Stunde gehen lassen, bis sich das Volumen deutlich vergrößert hat.
Dann den Teig noch einmal kräftig durchkneten und in ca. 8 gleichgroße Kugeln teilen und noch einmal ca. 30 min auf dem Backblech gehen lassen.

Den Ofen auf 200 Grad vorheizen. Backen: 25 Min. bei 200°C

Homeoffice

Es könnte sein, dass Mama und/oder Papa derzeit von zuhause arbeiten und jeden Tag Zeit für sich brauchen, um konzentriert arbeiten zu können. Dafür müssen sie vielleicht in ein anderes Zimmer gehen und dort für eine Weile sein.

„Das klingt ja besonders. Was machst du dann?"

- Hast du schon verschiedene Sanduhren gebastelt? Dann weißt du vielleicht, wie oft die größte Sanduhr durchlaufen wird, bis Mama oder Papa wieder für dich da sind.

- Spielst du auch Büro? Mit einem Karton als Bildschirm, einer gemalten Tastatur, einem alten Handy, Papier und Stiften lässt sich ein tolles Büro gestalten.

- Natürlich kannst du damit auch das Cockpit eines Flugzeuges oder eines Raumfahrtschiffes erschaffen.

- Vielleicht gibt Mama oder Papa dir auch etwas zum Spielen, was du nicht immer hast. Eine Überraschungsschuhschachtel mit beispielsweise einer Rolle Klopapier oder Buntpapier oder mit etwas, was du lange nicht erkundet hast.

- Vielleicht hast du auch Lust, alle Schuhe aus eurem Familienschuhregal zu probieren und damit eine gewisse Wegstrecke zurückzulegen? Wie geht es sich in Papas schweren Wanderschuhen, in Mamas Stöckelschuhen oder in den kleinen Sommersandalen der Schwester?

- Vielleicht bläst Mama oder Papa dir eine Menge Luftballons auf.
Damit kannst du dann toll spielen!

Homeoffice - ein Bild

"Ich telefoniere ab und zu gerne mit meiner Schwester Wasserschnecke. Sie lebt in dem kleinen Teich und beobachtet Fische."

Mit wem möchtest du gerne telefonieren? Male hier ein Bild von ihm oder ihr mit Telefon / Handy in der Hand. Magst du nun tatsächlich anrufen?

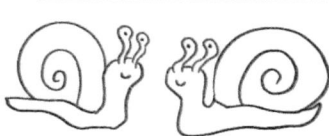

Schneckenturnen

Wie du unten sehen kannst, können wir Schnecken sehr gut turnen. Turnen macht uns riesigen Spaß.
Versuche du es auch einmal! Mache alle Bewegungen von uns nach!
Auf dem Teppich, auf der Matratze
oder auf einer Wiese.

Aufgaben zu Hause

„Heute sollte ich mal mein Haus putzen, ganz gründlich.
Gibt es in deinem Haus auch verschiedene Aufgaben?"

Hast du bereits eine oder mehrere Aufgaben im Haushalt?

Überlege, welche Aufgaben es im Haus gibt und male ein kleines Bildchen von den Aufgaben neben die verschiedenen Luftballons. Vielleicht gibt es das eine oder andere, was du übernehmen magst oder kannst.

Ideen für ruhige Momente

- Gemeinsam alte Urlaubsfotos ansehen (evtl. auch von vor der Geburt der Kinder)
  In welchem Land war das? Wann war das? Welche Sprache spricht man dort? Wie haben wir uns dort verständigt? Welche regionalen Unterschiede gibt es im deutschen Sprachraum? Gab es einmal lustige Missverständnisse?
  Wo liegt das Land? Auf welchem Kontinent? Finde ich es auf der Landkarte? Welche Nachbarländer hat es? Wie sind wir angereist? Welche Gebirge und Flüsse gibt es dort? Wie ist die Vegetation? ....
  Was wird dort gegessen?

- Ein Höhle oder ein Zelt im Haus aufstellen und darin schlafen.

- Eine Teeparty mit allen Kuscheltieren ausrichten.

- 1-2 Matratzen ins Wohnzimmer bringen und einen Kuschelplatz einrichten.

- Eine Banane mit Schale tätowieren (einfach mit einem Zahnstocher oder einer Gabel in die Schale kratzen) und sie danach essen.

- Sich massieren, verschieden Körperteile föhnen.

Ideen für aktive Momente

- „Feuer, Wasser, Eis, Blitz, Sonne" spielen
  Die Kinder bewegen sich im Raum mit Musik und bekommen Worte zugerufen.
  Feuer: Kinder berühren eine Wand.
  Wasser: Kein Kind darf den Boden berühren, d.h. steigen auf Stühle, Treppen etc.
  Eis: Die Kinder erstarren in einer Position.
  Blitz: Die Kinder legen sich blitzschnell auf den Bauch.
  Sonne: Die Kinder sitzen auf dem Boden, heben die Beine vom Boden ab und drehen sich aufdem Popo, wie eine scheinende Sonne.

- „Den Boden nicht berühren" spielen.

- Mit Wolle ein Sicherheitsnetz errichten.

- Viele Luftballons aufblasen. Jeder bekommt eine Fliegenklatsche oder einen Rührlöffel dazu. Die Luftballons so lange wie möglich in der Luft halten, ohne sie festzuhalten.

- Verschiedene Arten von Hindernisläufen.

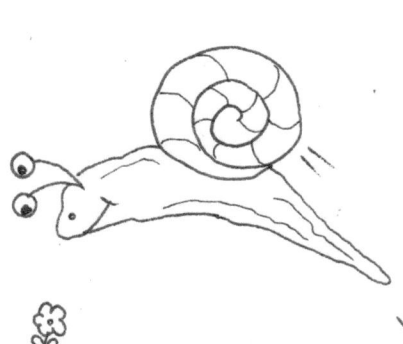

Maß nehmen

„Ich glaube, ich bin gewachsen. Kannst du mal mein Haus abmessen?"

Derzeit sagen die Erwachsenen vielleicht häufig, dass du Abstand zu anderen halten sollst.
Aber wie groß ist ein Meter oder zwei Meter? Was ist 1 cm oder auch 10 cm?
Frage deine Eltern nach einem Maßband und vermesse die Gegenstände um dich herum.

Wie groß ist

- Der Kleiderschrank:

- Der Ofen:

- Dein Bett:

- Das Fenster:

- Der Stuhl:

- ...

Was ist der größte oder kleinste Gegenstand?

Warum haben die Schnecken neuerdings ein Maßband dabei?
Um alle in passendem Abstand zu sich zu halten.

Schnecken Botschaft an Oma und Opa (vorne)

"Leider kann ich meine Oma und meinen Opa gerade nicht sehen.
Das ist sehr schade, denn ich habe sie sehr lieb."

Was kannst du da tun? Vielleicht eine Liebes-Schnecken-Botschaft in einer Flasche verschicken? Hier findest du einen Vorschlag für eine solche Botschaft.

Schnecken Botschaft an Oma und Opa (hinten)

So geht das mit der Liebes Schnecken Botschaft:
Male die Liebes-Schnecke an, und schneide sie entlang der Linie aus.
Rolle die Karte zusammen und stecke sie in eine schöne Flasche.

Liebe Oma, lieber Opa,

Aus meinem kleinen Schneckenhaus,
guck ich nur noch ganz selten raus.
Gerade kann ich euch gar nicht besuchen,
kann gar nicht essen den leckeren Oma Kuchen,
aber bald schon wird das wieder anders gehen,
ihr sollt mal sehen, ganz schnell werde ich vor eurer Türe stehen.

Dein(e)

Krank sein

„Hatschi, Hatschi, ich glaube ich werde krank! Da lege ich mich besser ins Bett."

Im Laufe unseres Lebens werden wir immer wieder mal krank. Kannst du dich noch an dein letztes Kranksein erinnern? Vielleicht hattest du da Schnupfen, Halsweh oder Husten. Manchmal ist dir heiß oder kalt oder beides abwechselnd.

Der Körper hat jede Menge schlauer Ideen, um Krankheitserreger aus dem Körper zu vertreiben, unter anderem erhöht er die Temperatur im Körper. Dazu sagen wir Fieber. Meistens bist du nach ein paar Tagen wieder fit und die Krankheitserreger sind aus deinem Körper verschwunden.

Derzeit sind Krankheitserreger auf der Erde unterwegs, die viele Menschen anstecken. Die meisten Menschen werden zuhause wieder gesund, andere brauchen Hilfe von einem Arzt oder werden im Krankenhaus gepflegt.

Fällt dir ein, was dir hilft, wenn du krank bist? Male oder schreibe dies hier auf.

Kraft der Gedanken

„Wenn ich schönes Wetter möchte, mache ich die Augen zu und stelle mir vor, wie die Sonne mein Schneckenhaus erwärmt."

Immer wenn etwas im Leben schwierig ist, du traurig bist, Dinge gerne anders hättest, gibt es die Möglichkeit, Gutes für dich selbst, deine Familie, deine Freunde, dein Land oder auch alle Menschen auf der Erde zu wünschen. Magst du dies probieren?

Bitte suche dir einen bequemen Platz, du kannst im Bett oder auf dem Sofa liegen oder in deinem Lieblingsstuhl sitzen.

Jetzt stellst du dir vor, wie du in deinem Herz die Freunde Freundlichkeit, Fröhlichkeit, Gesundheit und Spaß suchst. Hast du einen der vier Freunde gefunden, gibst du ihm all das zu essen, was er gerne mag und lässt ihn in deinem Herzen wachsen. Ist er groß geworden, darf er eine Reise unter-nehmen und deine Familie umarmen. Dann geht er weiter und umarmt deine Freunde und deine Verwandten. Er geht weiter und besucht viele Kranke in den Krankenhäusern. Auch sie umarmt er und schickt ihnen Gesundheit ins Herz. Der Freund geht immer weiter und umarmt schließlich die ganze Welt und alle Menschen, die du kennst. Dich umarmt er besonders lange. Dann schrumpft er wieder und wohnt weiterhin in deinem Herzen bis du wieder nach ihm schaust.

Vielen Dank.

"Das bin ich" Seite

Ein Bild von mir:

Ich heiße

Ich bin geboren am:

Ich wohne:

Meine Schule / mein Kindergarten heißt:

Meine Schule / mein Kindergarten ist geschlossen seit:

Das gefällt mir zuhause:

Das gefällt mir weniger gut zuhause:

Autoren

Verena Herleth,

geb. 1980, Diplom-Sozialpädagogin, arbeitet weiterhin in einer Wohngruppe.

„Ich freue mich, dass wir in kürzester Zeit ein so tolles Erlebnisbuch auf die Beine gestellt haben. Vielen, vielen Dank allen Beteiligten. Ihr seid fantastisch. Ich hoffe alle Kinder nah und fern haben Spaß mit den Anregungen."

www.verena-herleth.com

Verena Bellmann,

geb. 1983, Diplom-Mathematikerin, arbeitet weiterhin als Ingenieurin

„Ich wünsche mir, dass das Erlebnisbuch allen Kindern, die wegen Corona nun zuhause bleiben müssen, ein kleiner Trost ist und ein Lachen auf ihre Gesichter zaubert."

www.verenabellmann.de

Helfer

Luca Herleth,

geb. 2011, Schüler der Lernwerkstatt in Pottenbrunn, ist seit 16. März zuhause.

„Ich zeichne gerne und viel. Noch lieber würde ich in der Schule Merkball spielen, aber alleine geht das nicht. So habe ich auch ein paar Schnecken, Käfer und Insekten gezeichnet. Habt Spaß beim Ausmalen."

Nina Bellmann,

geb. 2012, Schülerin der Friedrich Schelling Schule in Besigheim, ist auch seit 16. März zuhause.

„Ich finde es zuhause gar nicht so schlecht. Jeden Morgen habe ich per Skype Schul-Unterricht bei meiner Oma. Danach ist frei. Dann sitze ich gerne am Basteltisch. Manchmal helfe ich Mama beim Malen oder auch mit Ideen zum Malen."